JN334112

国師・大川隆法　街頭演説集2012

日本の誇りを取り戻す

大川隆法
RYUHO OKAWA

霞が関
東京都・経済産業省前にて
2012.12.12

横浜
神奈川県・JR桜木町駅前にて
2012.12.13

京都
京都府・JR京都駅中央口にて
2012.12.15

日本の誇りを取り戻す　目次

1　国を守り、国民に希望を

二〇一二年十二月十二日（水）東京都・経済産業省前にて

2　「新しい黒船」に立ち向かえ

二〇一二年十二月十三日（木）神奈川県・ＪＲ桜木町駅前にて

3　幸福実現党はすべての宗教の味方

二〇一二年十二月十五日（土）京都府・JR京都駅中央口にて

※添付《てんぷ》のＤＶＤは、各街頭演説を収録したものです。

※本文中に登場する個人の役職名や政策、統計上のデータ等は、演説時点のものです。

1

国を守り、国民に希望を

二〇一二年十二月十二日（水）東京都・経済産業省前にて

北朝鮮《きたちょうせん》の弾道《だんどう》ミサイルを「迎撃《げいげき》できなかった」日本政府

みなさん、こんにちは。

寒いなか、ありがとうございます。

今日は、みなさんもご存じかもしれませんけれども、十時前、九時五十二分に（注。当初の発表では九時五十二分だったが、その後、九時四十九分に訂正《ていせい》された）、北朝鮮《きたちょうせん》から弾道《だんどう》ミサイルが発射され、十時一分に沖縄《おきなわ》上空を通過し、その数分後に、フィリピン沖に着弾いたしました。

政府のほうは、パトリオットミサイル等での破壊措置《はかいそち》命令を出していましたが、九分間では判断ができなかったようです。

まことに残念なことであります。

撃《う》つのが分かっていて、撃ち落とせなかった。九分間で届いてくる間に、相談する相手がつかまらなかったに違《ちが》いありません。

それについて、ＮＨＫは、政府の見解として、「破壊はしなかった」と発表していました。

嘘《うそ》をつけ！

「できなかった」と言うべきでありましょう。

「原発推進」が国民の生命《いのち》を守る

わが国の国防を、三年半前から一貫《いっかん》して訴《うった》えているのは、幸福実現党ただ一つです。

今、「脱《だつ》原発」とか、「反《はん》原発」とか、「卒《そつ》原発」とか言っているところは、みな腰抜《こしぬ》けです。

「日本から原子力発電がなくなったら、それで老人や子供が安全になる」と思ったら、大間違いです。

外国から、核《かく》ミサイルだって飛んでくるんですよ！

勝手に実験をされて、何にも言えないようでどうするんですか！

あんな小さな国になめられて、これでも国家ですか！
経済産業省！　何をやっているか！
原発を推進しなさい！
「原発推進」の垂れ幕をかけなさい！
政治家の言うことなんか、聞いては駄目《だめ》だ！
彼らは、票が欲《ほ》しいだけです。
国民の生命《いのち》を守るのは官僚《かんりょう》です。
官僚こそ、いかなる圧力がかかっても、やるべきことをやり抜きなさい！
それが仕事ですよ。

また、近くにある国税庁、財務省、さっさと予算を付けなさい！
国防予算を付けてもらうために、われらは税金を払《はら》っているんですよ。
ちゃんと、この国を守り、この国の国民を守ってください。

やるべき政策は私の本に全部書いてある

今、「次の与党《よとう》になるだろう」と言われている安倍《あべ》自民党総裁以下の自民党も、原発については、うやむやなことを言っておりますし、国防軍のことについて触《ふ》れて批判を受けたら、腰抜けで、すぐグラグラする。

家に帰って、早く私の本を読みなさい！

やるべきことは全部書いてあります。

だから、会議などする必要はありません。私の本を読んだらいいのです。答えは全部書いてあります。そのとおりやりなさい。

もう、会議なんか要《い》らないから、帰って本を読んで、そのとおり、明日《あした》からでも明後日《あさって》からでもやってくれればいいんですよ！

特に、私が、今、申し上げたいのは、「『反原発』とか『脱原発』とか言っている人たちが、即時《そくじ》に電気料金が値上がりしていることに対して、何一つ責任を取ろうとしていない」ということです。

あれだって税金の一つですよ。

企業《きぎょう》の電気料金は二十パーセント近く上がりました。一般《いっぱん》家庭は十一、二パーセント上がっています。これが税金でなくて何ですか。勝手に、一方的に上げられるのです。この冬は寒いんですよ。北海道も、日本海側も、雪がいっぱい降っています。お年寄りがたくさん死にますよ。

それに、また消費税をかけるのですか。国民生活を冷え込《こ》ませて、いったい何をやっているのか。

それでも政治か！

恥《はじ》を知れ！　恥を！

日本国民の意地を見せろ！

今、必要なのは、国民に希望を与《あた》えること

今こそ、日本は世界のリーダーとして、世界の人々がなすべきことを訴えなくてはならない。

これからアメリカと相談して、「北朝鮮の制裁をどうするかを考える」などというような、こんな政府は要らない。

歳費《さいひ》は全額返せ！

やることは、はっきりしているのです。

国力を強めること、国防力を強めること、国民に希望を与《あた》えることです。

今、この国には、希望がないのです。希望を与えることこそ、大切なことなのです。

国民に希望を与え、嘘を一つもついていないのは、幸福実現党だけなんですよ。

その幸福実現党の「幸福」という二文字を、新聞に載《の》せ、ＮＨＫにちょっと言わせるためだけに、われわれは、彼らに対して激しく申し入れをしなければならないのです。

だいたいが、みなさん、ＮＨＫなんて、国営放送とか公営放送とか言って騙《だま》しているけれども、ただの左翼《さよく》テレビ局なんですよ！

国益になることなんか、何にも報道していないのです。

国の損になることばかり、一年半も報道し続けて、何ですか。

そうして、電気料金が各地で二十パーセント上がり、十何パーセント上がる。もう、終わりにしたらどうですか。

たまには、国民に対して謝罪をし、「どうしたらこの国が豊かになるのか」「どうしたら人々が未来を幸福に生きられるのか」、そのことについて積極的な発言をしたらどうなんだ！

十年後に、この国を「日本」と呼びたければ
「幸福」と書こう

いいですか、みなさん。

死にたくなかったら、「幸福」と書いてください。

十年後に、この国を「日本」と呼びたかったら、「幸福」と書いてください。

たとえ、自民党に政権を渡《わた》しても、一年ももちません。何回、同じことを繰《く》り返すのですか。

「維新《いしん》の会」と言ったって、今、地方自治などをやっている場合ですか。

守らなければいけないのは、国家であり、国民です。国益です。これが大事なのではないですか。

いちばん大事なことを、いちばんにすることこそ、最も大事なことです。

一切《いっさい》、嘘をつかず、本音だけで勝負をしているのは、幸福実現党のみです。これ以外に、日本には政党などは、ない！

あるのは、政党助成金という税金を「ただ食い」している連中と、その他、政策もない無所属の連中ですよ。

まともな政党は、幸福実現党ただ一つ！

大川隆法の言うことを信じてください！

新聞やテレビなど見る必要はない！

「幸福」と書けば、幸福になる。

「幸福」と書かなかったら、他国に侵略《しんりゃく》されて「降伏《こうふく》」する。

どちらかを選びなさい。
日本に希望を、未来に希望を、この国に勝利を、与えたまえ！

「この国にとって本当に大事な人」を選択《せんたく》せよ

どうか、残り少ない日々ですけれども、みなさん、幸福実現党に一票をお願いします。
ここにいる釈量子《しゃくりょうこ》（幸福実現党 女性局長）は希望の星です。
野田《のだ》さんや安倍さんの百万倍ぐらい偉大《いだい》です。
間違いなく、彼女は日本を引っ張ります。
彼女は負けません！

ぜひ、応援《おうえん》してください。

先ほど、街宣車が来ていた、伊藤《いとう》のぞみも、とても有力な候補です。何にも判断できない海江田《かいえだ》さんなんかに入れないで、伊藤のぞみに「望み」を託《たく》してください！

本当に大事な人を、本当にこの国のためになる人を選ぶことこそ、大切な選択《せんたく》であり、「大事な人は誰《だれ》であるか」を教えることこそ、マスコミの使命なんですよ！

それをしないマスコミは、明日から休みに入りなさい！

東京のためにならない記事を書く「東京新聞」は、冬休みに入ってください！

とにかく、「幸福」、「幸福」、「幸福」、「幸福」。
よろしくお願いします。

2

「新しい黒船」に立ち向かえ

二〇一二年十二月十三日（木）神奈川県・ＪＲ桜木町駅前にて

今、日本に起きているのは「新しい黒船事件」

ご苦労さまです。

こんばんは。

森進一《もりしんいち》みたいな声になってしまいました（笑）。

もう、今日は、演歌で行きましょうか（笑）。

みなさん、私の声が聞こえますか。

聞こえますね。はい。

今、日本で起きていることを一言で言うとするならば、「新しい黒船の事件が起きている」ということです。

尖閣《せんかく》諸島事件然《しか》り。

さらに、昨日《さくじつ》の、北朝鮮《きたちょうせん》の長距離弾道《ちょうきょりだんどう》ミサイル然り。

また、貿易面においては、TPP（環太平洋戦略的経済連携協定《かんたいへいようせんりゃくてきけいざいれんけいきょうてい》）なども、同じく、開国を迫《せま》っているものであります。

今、新しい国難とも言うべき黒船現象に対し、われらが、何として立ち向かうべきであるか。

過去の偉人《いじん》たちは、決して怯《ひる》まず、決して負けなかった！

われわれも、日本三千年の文化と歴史を守る者として、断じて、この国を滅《ほろ》ぼすわけにはまいりません。

原発事故の放射線で死んだ人は一人もいない

先ほど、加藤文康《かとうぶんこう》候補から、原子力について、とても博学の説明がありましたけれども、幸福実現党は、唯一《ゆいいつ》、原子力推進を肯定《こうてい》しております。

理由を述べます。

「何ともない」からなのです。

（マスコミは）ただ恐怖《きょうふ》を煽《あお》っているだけです。

一年半以上、マスコミは、恐怖を煽りに煽っておるけれども、放射線で死んだ人なんて、一人もいないんですよ！

ところが、政府の言うとおりに節電して、熱中症《しょう》で死んだお年寄りは、何百人といるんですよ！

今また、雪国においては、暖房《だんぼう》を止めて、凍死《とうし》する人が出てこようとしているんですよ！

日本のエネルギー自給率は、わずか四パーセントです。

食料でも四十パーセントあります。

エネルギーは、四パーセントですよ。

この国を殺すには、エネルギーを止めれば終わりなんですよ！

これは大変なことです。

少々、週刊誌が煽ったぐらいで、恐怖心にとらわれて、投票行動に走ってはなりません！

だいたい、一年半もたつのに、まだ避難民《ひなんみん》を遠い所にたくさん置いて、彼らの生活を元に戻《もど》さない政府に問題がある！

さっさと元の地域に帰して、再建させよ！

ちゃんと、村では、牛だってピンピンして生きているではないですか。全然問題ないのです。

原発事故があった二十キロ以内の病院から遠ざけられた約二百人の病人のうち、五十人は体育館やその他の所で死んでいるのです。

そして、病院を守っている医者と看護師は、三人ぐらいでピンピンしているんですよ。

バカな政策は、早くやめなさい。

原子力なんて、ラドン温泉みたいなものなんですよ。

広島・長崎《ながさき》で、死んだ人は出ました。しかし、あれは、ものすごい温度が出たんですよ！

今の福島原発の千数百万倍の放射線と、その炎《ほのお》と熱、爆風《ばくふう》で、人が死んだのです。

その後の広島・長崎は、いかがですか。

家は建ち、人々は健康に過ごしています。

子供で、遺伝子異常を起こした人なんて、一人もいないんですよ。

放射線で遺伝子異常を起こしたのは、ショウジョウバエだけです。

人間とショウジョウバエは違《ちが》うのです。

新しい活断層など、どこにでもできる

さらに、付け加えますけれども、今、地層学者や地震《じしん》学者みたいな者が、あちこちの原発の下に潜《もぐ》り込《こ》んで、「ここは活断層が四十万年前に動いた」とか、「二十万年前に動いた」とか、「五万年前に動いた」とか言って、「即時《そくじ》停止すべきだ」などと言っておるけれども、バカです！

みなさん、「昔、断層ができた」ということは、「これから動く」ということではないのです。

断層というものは、どこにでもできるんですよ！

ここにだって、できるんですよ！

どこにでも新しい所に断層はできるんですよ。

大地が引っ張られたら、そこに断層はできるのです。いくらでも新しい断層ができるのです。こんなものを四十万年前まで調べたって、人一人救えませんよ！

バカなことをするんじゃない。

なぜ分からない。

助かりたかったら、私の本を読みなさい。

そうしたら、死ななくて済むでしょう。

助けてあげます。必ず助けてあげますから、私の本を枕代《まくら》わりにして寝《ね》なさい！

そのほうが、病院より、よほど安上がりで、あなたがたは、元気に暮らすことができるでしょう。

日本には「新しい経済成長」が必要

今、日本には、新しい雇用《こよう》が必要です！
新しい企業《きぎょう》の発展が必要です！
新しい経済的成長が必要です！
ＴＰＰだって怖《こわ》がっては駄目《だめ》ですよ！

「農業や漁業が壊滅《かいめつ》する」とか言っているけれども、ＴＰＰというのは、関税がなくなるのです。日本の自動車だって、外国に、一円も関税がかからずに輸出できるんですよ、みなさん！

トヨタが元気になるんですよ。日産《にっさん》が元気になるんですよ。その他の輸出企業が全部、立ち直るんですよ。

それに、日本の農業は、みなさん、バカにしてはいけません。日本の農業は世界一なのです。

その品質。技術力。農民は世界一なのです、日本は！

負けられるもんですか！

国際競争力で勝ち抜《ぬ》こう！

そのためにも、基本となる産業の基礎《きそ》は、エネルギーの確保ですよ！

北朝鮮《きたちょうせん》のミサイルを撃《う》ち落とせなかった野田《のだ》首相

近くで演説している野田《のだ》首相、聞こえるか？

横浜《よこはま》駅でやっていると思うけれども、北朝鮮《きたちょうせん》からミサイル発射予告を受けて、ＰＡＣ《パック》－３で待ち受けていて、撃《う》ち落とさないとは何事であるか！

恥《は》ずかしいぞ！

ちゃんと落とせ！

私たちは、一九九四年から、北朝鮮の核《かく》ミサイルの脅威《きょうい》は、講演会でも言ったし、映画でも発表して、危険をみんなに知らせています。それから十八年たちました。彼らがやったことは、ＰＡＣ－３、迎撃《げいげき》ミサイルを置いただけです。しかし、十分間では撃てなかったんですよ。お笑いです。

北朝鮮がミサイルを発射した五十分前には、関係閣僚《かくりょう》会議で、「緊《きん》張《ちょう》感を持って対応しましょう」と言って別れたんだそうです。お笑いですよ、みなさん！

結局、「ミサイルを発射する一時間も二時間も前から、『これから撃つらしい』ということが分かっていなければ、落とせない」ということですよ！

これのせいで、どれだけ、日本や韓国《かんこく》や、それから米国までが、国防の危機に陥《おちい》っているか、分かりますか。

一万キロ以上も飛ぶ弾道ミサイルを開発されたら、ニューヨークにもワシントンにも届くんですよ。

日本回復！　日本は世界一になろう！

あの腰抜《こしぬ》けのオバマさんが、尖閣のために助けに来ると思いますか。

自分の国は自分で守りなさい！

日本にこれだけ原発があるのを知って、五十パーセントのヨーロッパ人は、「日本は、核ミサイルをすでに持っている」と思っているんですよ。

別に持っていたっていいのです。みな、「持っている」と思っているんですから。

持っていないのを知っているのは日本人だけですよ。

恥ずかしいことです。

もう怖がる必要なんかありません。つくったらいいのです。

原子力なんか、いくらでも余っています。

「核のゴミ処理場に困っている」って？

そんなものは、（日本が核攻撃されそうになったら）
中国の核ミサイル発射場に撃ち込んだらいいのです。
北朝鮮の核ミサイル発射基地に撃ち込んだらいいのです。
核のゴミは、それで終わりですよ。
負けるものか！
日本回復！
日本は世界一になるぞ！
幸福実現党に入れよう！
「幸福」と書こう！
絶対、勝利間違いなし。

頑張《がんば》ろう!

3

幸福実現党は
すべての宗教の味方

二〇一二年十二月十五日（土）京都府・ＪＲ京都駅中央口にて

選挙で争点をぼかす政党に投票してはならない

雨のなか、ありがとうございます。いよいよ、街宣の最後です。

今回は、最後に、京都を選びました。

三年三カ月前、私は、街宣の第一声を、ここで上げました。

そのとき、NHKが取材に来ていて、私の話を聴《き》いて記者が興奮し、お昼ごろ、「夜の七時のニュースと九時のニュースに流します」と言ってきました。ところが、夜になったら、流さなかった。

なぜ、流さなかったか。流したら、みな投票してしまうからです。

だから、流せなかった！

税金のなかから助成金をもらっている政党は、国の税金で宣伝し、国の税金で選挙運動をし、国の税金で秘書を雇《やと》い、国の税金で、自分たちの当選を維持《いじ》させようとしています。

そういう人たちに対して、私たちは、一生懸命《いっしょうけんめい》、自分たちのお金で戦っているのです！　この国を守るために！

宗教法人だって、一円も、国から援助《えんじょ》なんかもらっていませんよ！

全部、自力です！

自分たちを、自力で守っているように、この国も、力強く、自分たちの国は自分たちで守らねばならない！

それが、幸福実現党の考えです！

みなさん、選挙のときになったら、争点をぼやかし、いいかげんなことを言って税金を使っている泥棒《どろぼう》政党なんかに、投票するんじゃありませんよ！

「盗人《ぬすっと》に追い銭《せん》」とは、このことを言う！

はっきりとものを言い、結論がはっきりしているところを選んでください！

みなさん、あと四年以上、寿命《じゅみょう》が欲《ほ》しかったら、幸福実現党に入れてください！

それが、とてもとても大切なことだと、私は申し上げておきたいと思います。

「赤旗《あかはた》」を取る人が多い仏教王国・京都

ここ京都は、仏教王国です。世界からもそう思われています。みな、信仰心《しんこうしん》がある所だと思っていますよ。「日本一の信仰心がある所が京都だ」と思っています。

世界的に、神社仏閣で有名です。京都を見に、観光客がたくさん来ています。当然、「信仰心の篤《あつ》い日本人だらけだ」と思っていますよ！

ところが、京都は「赤旗《あかはた》」ばかり取っている人が大勢いる。唯物《ゆいぶつ》論《ろん》の共産党の機関紙をたくさん取っている。

産経新聞を取りなさい、産経新聞を。今、新聞のなかで、いちばん正しいことを書いているのは、産経新聞だけですよ。

その次に、ましなことを言っているのは、読売新聞です。それから、日経新聞も、産業を守るためには頑張《がんば》っている。

このあたりは、かなり、私たちの団体の理解者になりつつあるところです。

NHKも、国営放送を「公共放送」と言いながら、幸福実現党についてまったく放送しないので、『NHKはなぜ幸福実現党の報道をしないのか』（幸福の科学出版刊）という本を、私は出しました！

そうしたら、ときどき、「幸福」とか、幸福実現党の立候補者の活動とかを、ちょっとだけ報道するようになりました。やはり、言うべきことは言わないと駄目《だめ》なのです。

日本には「世界のリーダー」になる使命がある

国についても同じです。

日本に対して、敵対的なことを言ったり、「弱い」と思ってなめて、バカにしたりしている国に、さっきの立木《ついき》さん（立木秀学《しゅうがく》党首）の言葉を、そのままミサイルに載《の》せて飛ばしてやりたいぐらいですよ。

日本人をなめるんじゃない！　この国は、神仏の守りたる国である！

日本には、「世界のリーダー」になる使命があるんだ！

そのためには、幸福実現党が、国政の柱にならねばならないのです！

自民党が保守回帰しようとしていることは、悪いことではないけれども、「日本を取り戻《もど》す」ぐらいでは、駄目です！　世界のリーダーにならなければ駄目なのです！

世界に、「国際的正義とは何であるか」を発信しなければ駄目なのです！

それができるのは、幸福実現党だけなんですよ！

なぜか。神々の言葉、神仏の言葉を、今、地上で伝えられるのは、私しかいないからです！

「幸福実現革命」を起こし、それを世界に広げたい

「大川隆法が、幸福実現党を創立した」ということは、「この党を、日本の柱とせよ。世界の中心とせよ」ということですよ！

みなさん、天照大神《あまてらすおおみかみ》は、「まだ、日本人は、神々の言葉の一パーセントしか分かっていない」と、怒《おこ》っていらっしゃる（『天照大神のお怒《いか》りについて』『天照大神の御教《みおし》えを伝える』〔いずれも幸福の科学出版刊〕等参照）。何としても、お応《こた》えせねばなりません。

われらには、もっと力がある！

われわれには、もっと組織力もある！

われわれには、もっと言論力がある！

われわれには、立派な人材が揃《そろ》っている！

ほかの政党なんかに、絶対、負けはしない！

「幸福」と書かない人には、残念ながら、日本人としては悲しい悲しい運命が待ち受けている！

彼らをも救うために、「幸福」と書くように勧《すす》めてください！

まだ間に合う。また四年も遅《おく》らせてはなりません。

「改革」などというものではありません。これは、「幸福実現革命」なのです！

この日本の国に「幸福実現革命」を起こし、世界にそれを広げることこそ、われらが使命なのです！　分かりますか。京都、頑張れ！　負けるな！　共産党なんかに負けるな！　旧《ふる》い政党なんかに負けるな！

立木秀学を、絶対、国会に送るんだ！

まともな「世界的宗教政党」が必要な日本

われわれは、戦ってきたけれども、まだまだ、本当の力を出し切っていないことが残念です。

政党要件などという、くだらない政党助成金の基準でもって、「国会議員が五人いなければ政党ではない」とか、「国政選挙で、総得票数の二パーセント以上を取り、一人以上、国会議員がいなければ政党ではない」とか言って、それで、報道しないようにされているけれども、大阪《おおさか》の維新の会は、三月から九月の初めまで、政党要件なんか満たしていませんでした。

しかし、全国紙には、毎日、一面に載って、テレビにも出て、週刊誌にも出て、報道しまくりですよ。九月になってから、やっと国会議員を引っ張ってきて、政党要件を満たしたのです。だから、マスコミの報道基準なんて、嘘《うそ》っぱちですよ。

宗教政党の意味が分かっていないのです!

今、宗教政党は公明党しかないでしょう。あれは、創価学会《そうかがっかい》ですよ。日蓮宗《にちれんしゅう》のなかの超異端《ちょういたん》です。どうして、それで、仏教界の代表、宗教界の代表政党と言えるんですか！

もう一つ、まともな、世界的な宗教政党が必要なんですよ。

私たちは、あらゆるまともな仏教勢力、キリスト教勢力、イスラム教勢力、その他、日本神道《しんとう》も含《ふく》めて、人間を幸福にしようとしているすべての宗教の味方です！

だから、どうか、この京都の周りのお寺さんたちにも言ってください。檀家《だんか》のみなさんにも言ってください。

「自分たちの宗教が、共産主義勢力、無神論・唯物論勢力によって侵略《しんりゃく》され、火あぶりにされて、焼き落とされないためには、幸福実現党を国会に送り込《こ》む必要があるんだ」と！

私たちは、すべての宗教の味方です！

神仏を信ずる者の味方です！

良識ある、良心ある人たちの味方です！

われわれは、神の子、仏の子なんですよ！

これが民主主義の本当の値打ち、本当の意味、本当の発展の原理なのです！

ぜひとも、幸福実現党を、明日《あした》、躍進《やくしん》させてください。お願いします！

ありがとうございました。

『日本の誇りを取り戻す』大川隆法著作参考文献

『最大幸福社会の実現――天照大神の緊急神示――』（幸福の科学出版刊）
『天照大神のお怒りについて』（同右）
『天照大神の御教えを伝える』（同右）
『ＮＨＫはなぜ幸福実現党の報道をしないのか』（同右）

日本《にほん》の誇《ほこ》りを取《と》り戻《もど》す
――国師・大川隆法 街頭演説集 2012――

2013年6月13日　初版第1刷

著　者　大《おお》川《かわ》隆《りゅう》法《ほう》

発　行　幸福実現党
〒107-0052 東京都港区赤坂2丁目10番8号
TEL(03)6441-0754

発　売　幸福の科学出版株式会社
〒107-0052 東京都港区赤坂2丁目10番14号
TEL(03)5573-7700
http://www.irhpress.co.jp/

印刷・製本　株式会社 堀内印刷所

落丁・乱丁本はおとりかえいたします
©Ryuho Okawa 2013. Printed in Japan. 検印省略
ISBN978-4-86395-343-7 C0031

●添付のDVDを許諾なく、①賃貸業に使用すること、②個人的な範囲を超える使用目的で複製すること、③ネットワーク等を通じて送信できる状態にすることは、法律で禁止されています。

大川隆法 霊言シリーズ・**日本の自虐史観を正す**

神に誓って「従軍慰安婦」は実在したか

いまこそ、「歴史認識」というウソの連鎖を断つ! 元従軍慰安婦を名乗る2人の守護霊インタビューを刊行! 慰安婦問題に隠された驚くべき陰謀とは!?
【幸福実現党刊】

1,400円

公開霊言 東條英機、「大東亜戦争の真実」を語る

戦争責任、靖国参拝、憲法改正……。他国からの不当な内政干渉にモノ言えぬ日本。正しい歴史認識を求めて、東條英機が先の大戦の真相を語る。
【幸福実現党刊】

1,400円

本多勝一の守護霊インタビュー

朝日の「良心」か、それとも「独善」か

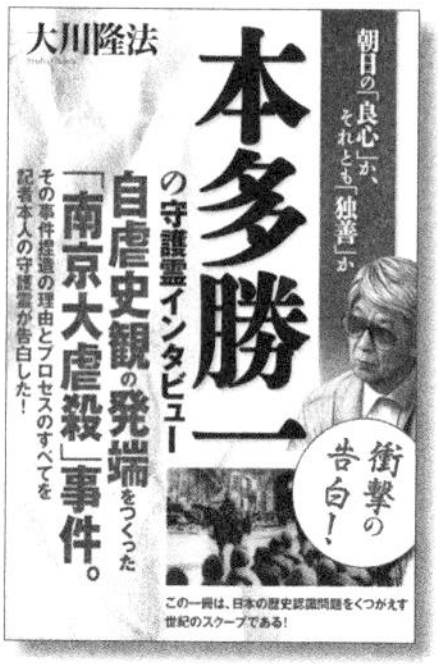

「南京事件」は創作!「従軍慰安婦」は演出! 歪められた歴史認識の問題の真相に迫る。自虐史観の発端をつくった本人(守護霊)が赤裸々に告白!
【幸福実現党刊】

1,400円

※表示価格は本体価格(税別)です。

大川隆法 霊言シリーズ・憲法九条改正・国防問題を考える

スピリチュアル政治学要論

佐藤誠三郎・元東大政治学教授の霊界指南

憲法九条改正に議論の余地はない。生前、中曽根内閣のブレーンをつとめた佐藤元東大教授が、危機的状況にある現代日本政治にメッセージ。

1,400円

憲法改正への異次元発想

憲法学者NOW・芦部信喜 元東大教授の霊言

憲法九条改正、天皇制、政教分離、そして靖国問題……。参院選最大の争点「憲法改正」について、憲法学の権威が、天上界から現在の見解を語る。

【幸福実現党刊】

1,400円

北条時宗の霊言

新・元寇にどう立ち向かうか

中国の領空・領海侵犯、北朝鮮の核ミサイル……。鎌倉時代、日本を国防の危機から守った北条時宗が、「平成の元寇」の撃退法を指南する!

【幸福実現党刊】

1,400円

大川隆法霊言シリーズ・中国・北朝鮮情勢を読む

守護霊インタビュー 金正恩の本心直撃！

ミサイルの発射の時期から、日米中韓への軍事戦略、中国人民解放軍との関係――。北朝鮮指導者の狙いがついに明らかになる。
【幸福実現党刊】

1,400円

長谷川慶太郎の守護霊メッセージ
緊迫する北朝鮮情勢を読む

軍事評論家・長谷川氏の守護霊が、無謀な挑発を繰り返す金正恩の胸の内を探ると同時に、アメリカ・中国・韓国・日本の動きを予測する。

1,300円

中国と習近平に未来はあるか
反日デモの謎を解く

「反日デモ」も、「反原発・沖縄基地問題」も中国が仕組んだ日本占領への布石だった。緊迫する日中関係の未来を習近平氏守護霊に問う。
【幸福実現党刊】

1,400円

※表示価格は本体価格（税別）です。

大川隆法 霊言シリーズ・幸福実現党の魅力とは

バーチャル本音対決

TV 朝日・古舘伊知郎守護霊 VS. 幸福実現党党首・矢内筆勝

なぜマスコミは「憲法改正」反対を唱えるのか。人気キャスター・古舘氏守護霊と幸福実現党党首・矢内が、目前に迫った参院選の争点を徹底討論!

【幸福実現党刊】

ダイジェスト DVD付

1,800円

幸福実現党に申し上げる

谷沢永一の霊言

保守回帰の原動力となった幸福実現党の正論の意義を、評論家・谷沢永一氏が天上界から痛快に語る。驚愕の過去世も明らかに。

【幸福実現党刊】

1,400円

百戦百勝の法則

韓信流・勝てる政治家の条件

人の心をつかむ人材となれ——。不敗の大将軍・韓信が、ビジネスにも人生にも使える、「現代の戦」に勝ち続ける極意を伝授。

【幸福実現党刊】

1,400円

大川隆法 ベストセラーズ・希望の未来を切り拓く

未来の法

新たなる地球世紀へ

暗い世相に負けるな! 悲観的な自己像に縛られるな! 心に眠る無限のパワーに目覚めよ! 人類の未来を拓く鍵は、一人ひとりの心のなかにある。

2,000円

Power to the Future

未来に力を

英語説法集
日本語訳付き

予断を許さない日本の国防危機。混迷を極める世界情勢の行方――。ワールド・ティーチャーが英語で語った、この国と世界の進むべき道とは。

1,400円

されど光はここにある

天災と人災を超えて

被災地・東北で説かれた説法を収録。東日本大震災が日本に遺した教訓とは。悲劇を乗り越え、希望の未来を創りだす方法が綴られる。

1,600円

幸福の科学出版

※表示価格は本体価格(税別)です。

幸福実現党
THE HAPPINESS REALIZATION PARTY

党員大募集！

あなたも 幸福実現党 の党員になりませんか。

未来を創る「幸福実現党」を支え、ともに行動する仲間になろう！

党員になると

○幸福実現党の理念と綱領、政策に賛同する 18 歳以上の方なら、どなたでもなることができます。党費は、一人年間 5,000 円です。
○資格期間は、党費を入金された日から 1 年間です。
○党員には、幸福実現党の機関紙が送付されます。

申し込み書は、下記、幸福実現党公式サイトでダウンロードできます。

幸福実現党 本部　〒107-0052 東京都港区赤坂 2-10-8　TEL03-6441-0754　FAX03-6441-0764

幸福実現党公式サイト

・幸福実現党のメールマガジン "HRP ニュースファイル" や "Happiness Letter" の登録ができます。

・動画で見る幸福実現党――
幸福実現ＴＶの紹介、党役員のブログの紹介も！

・幸福実現党の最新情報や、政策が詳しくわかります！

http://www.hr-party.jp/

もしくは 幸福実現党 検索

幸福実現党

国政選挙 候補者募集!

幸福実現党では衆議院議員選挙、
ならびに参議院議員選挙の候補者を公募します。
次代の日本のリーダーとなる、
熱意あふれる皆様の
応募をお待ちしております。

応募資格	日本国籍で、当該選挙時に被選挙権を有する幸福実現党党員 (投票日時点で衆院選は満25歳以上、参院選は満30歳以上)
公募受付期間	随時募集
提出書類	① 履歴書、職務経歴書(写真貼付) ※希望する選挙、ならびに選挙区名を明記のこと ② 論文:テーマ「私の志」(文字数は問わず)
提出方法	上記書類を党本部までFAXの後、郵送ください。

幸福実現党本部
〒107-0052　東京都港区赤坂 2-10-8
TEL 03-6441-0754　FAX 03-6441-0764